CTIQUE
EUROPE
ASIE
AFRIQUE
OCÉAN
INDIEN
OCÉANIE
N

Traduit de l'italien par Didier Zanon

Directeur de publication : Frédéric Lavabre
Collection dirigée par Emmanuelle Beulque
Maquette : Xavier Vaidis, Claudine Devey

Pour la présente édition :

35, rue d'Hauteville 75010 Paris, France.
www.editions-sarbacane.com
www.facebook.com/editions.sarbacane
instagram.com/editionssarbacane

Pour l'édition originale parue sous le titre :
Il viaggio di Darwin

Cura editoriale di Valeria Conti
Progetto grafico di Emanuele Ragnisco-Mekkenografici Associati

Loi n° 49-956 du 16 juillet 1949 sur les publications destinées à la jeunesse.

Dépôt légal : 1er semestre 2019.
ISBN : 978-2-37731-177-4
Imprimé en France chez Pollina - 87935.

LE VOYAGE DE DARWIN

GIACOMO SCARPELLI
MAURIZIO A.C. QUARELLO

SARBACANE

Le matin de Noël de l'année 1831, j'étais perché sur un gros rouleau de cordage humide à bord du *Beagle*, un brigantin armé de dix canons. Les immenses voiles blanches attendaient le départ, soigneusement repliées sur les baumes. Je m'appelle Syms Covington ; j'avais tout juste 15 ans et je venais d'être engagé comme mousse.

Je respirais l'air du large à pleins poumons. Une grande aventure allait commencer ! Nous allions visiter le Brésil, l'Argentine, Tahiti, La Nouvelle-Zélande, l'Australie… Tandis que je finissais le pudding de Noël que ma mère avait glissé dans mes bagages, mon cœur se serra en pensant combien ma famille allait me manquer.

Les navires m'avaient toujours passionné et ils n'avaient plus de secrets pour moi. Le *Beagl*e avait la réputation d'être un cercueil flottant mais je l'aimais bien, peut-être à cause de son nom : j'avais laissé derrière moi Spot, un chien de race beagle qui était mon meilleur ami.

Bien avant de faire partie d'un équipage, j'allais déjà admirer les navires à quai. J'aimais entendre grincer les poulies qui soulevaient d'énormes caisses, en provenance de contrées lointaines et mystérieuses.

Comme autrefois, je m'amusai ce matin-là à deviner leur contenu. « Celle-ci, avec les brins de paille qui dépassent, je parie qu'elle contient les assiettes en porcelaine et les verres en cristal réservés à la table du capitaine. Celle-là… vu l'odeur et les grognements, je dirais qu'elle est pleine de cochons. Et la plus petite, là, elle doit contenir des raisins secs et des œufs qui serviront au cuisinier pour nous préparer de délicieux gâteaux. »

D'accord, ce n'étaient pas des marchandises très exotiques, mais j'adorais jouer aux devinettes !

Pour ne pas trop penser à mes parents, je décidai de faire un peu de musique. J'attrapai mon violon et le calai sous mon menton. C'est alors que Jack, le cuisinier, hurla dans ma direction :

« Syms, ton passager est arrivé ! Va l'aider à porter ses bagages dans sa cabine ! »

Je sautai au bas de mon perchoir et me dépêchai de faire mon travail, avant que le capitaine FitzRoy ne me prenne pour un fainéant. C'était un officier de marine plutôt jeune, mais si sévère et si rigide qu'on aurait dit qu'il avait avalé un balai. On prétendait qu'il avait transporté des esclaves par le passé. Mais c'était sûrement une blague de matelot, juste pour m'intimider.

Je courus à la rencontre de l'homme au service duquel on m'avait affecté. C'était un grand gentleman élégant, au visage joufflu, rasé de près, le front haut et les cheveux blonds.

En me voyant, il sourit et me tendit la main :

« Charles Darwin, enchanté.

– Simon Covington, mais on m'appelle Syms. Le plaisir est pour moi, monsieur », répondis-je en me disant qu'il devait avoir à peine sept ou huit ans de plus que moi.

Je saisis son lourd bagage et l'accompagnai jusqu'à sa cabine.

« Vous avez pris plein de livres ? demandai-je.

– Oui, mais surtout des ouvrages de biologie et de géologie. Je suis naturaliste. »

Nous entrâmes dans une belle cabine tout en acajou et en laiton. Monsieur Darwin jeta un coup d'œil et lança d'un ton joyeux : « Ça ira, mais ce n'est pas bien grand ! »

Je le regardai, ahuri, car sur un navire comme le nôtre, un tel espace était un luxe ! S'il avait vu, à l'arrière de la cambuse, la niche suffocante où je dormais…

Monsieur Darwin semblait préoccupé ; il finit par me poser une question totalement absurde : « Et… où est le lit ? »

Surpris par sa demande, je lui désignai son hamac suspendu entre deux parois. La toile légère oscillait, accueillante, mais l'homme l'observait d'un air perplexe.

Je m'interrogeai sur la raison de tant de naïveté… et soudain je compris : Charles Darwin n'avait jamais navigué !

Deux jours plus tard, le 27 décembre 1831, nous quittions l'Angleterre. Direction l'Amérique du Sud ! L'océan Atlantique s'étendait à l'infini devant la proue du *Beagle*.

En ce premier jour de navigation, il soufflait une brise légère et le ciel était d'un bleu limpide.

Je jouais du violon sur le pont quand j'aperçus mon passager. Il avait les yeux cernés et le teint grisâtre.

« Bonjour, monsieur Darwin, dis-je d'un ton jovial, je vais vous préparer du thé avec des tartines beurrées.

– Par pitié, qu'on ne me parle pas de nourriture ! fit-il avec une grimace de dégoût. Le mal de mer ne m'a laissé aucun répit. Et ce hamac ! Je n'ai jamais rien vu d'aussi inconfortable. »

Malgré son piteux état, il regarda autour de lui avec curiosité.

« Parle-moi plutôt d'eux, là-bas », ajouta-t-il en désignant trois personnages à l'allure insolite.

« Ce sont des habitants de la Terre de Feu, répondis-je, que le capitaine FitzRoy a emmenés à Londres lors de son précédent voyage. Vous allez voir, il en a fait de parfaits gentlemen. »
Je lui présentai Fuegia, Jemmy et York. Ces trois-là m'en imposaient. J'enviais leurs manières impeccables, car les miennes laissaient plutôt à désirer, d'après ma mère.

« Le capitaine les ramène chez eux, expliquai-je à monsieur Darwin quand nous fûmes de nouveau seuls. Il est persuadé qu'ils apporteront les bienfaits de la civilisation à leur peuple. »
À la moue qu'il fit, je compris qu'il ne partageait pas ce point de vue.

Nous faisions de fréquentes escales pour aller découvrir l'intérieur des terres. Nous explorâmes ainsi la forêt tropicale du Brésil : il la trouva belle et captivante. Quant à moi, je ne retins de ces longues marches que les piqûres d'insectes rageurs et la moiteur oppressante.

J'aidais le naturaliste à capturer et cataloguer les animaux, mais le but de ses recherches m'échappait.

« Quel mystère espérez-vous résoudre ? » lui demandai-je un jour, tandis que je préparais une boîte d'insectes à expédier par la poste en Angleterre, à la prochaine escale.

Ma question le surprit : « Je… je l'ignore complètement ! Pour l'instant, je veux seulement référencer le plus possible d'espèces animales. Au Brésil, nous avons découvert trente-sept araignées différentes et, bizarrement, aucune ne ressemble à celles d'Angleterre. »

C'était tout ? Je restais sur ma faim. « Et si on se demandait plutôt pourquoi il y a tant d'espèces ? suggérai-je en fixant la longue file de bestioles poilues qu'il nous restait à cataloguer (nous devions attacher sur chaque spécimen une étiquette indiquant son nom et

sa provenance). Pourquoi la Nature ne se contente-t-elle pas d'une seule espèce d'araignée ? »

C'était le genre de question que mon grand frère Paul, qui travaillait dans la police à Londres, se serait posée à ma place. Je me suis alors souvenu de ce qu'il m'avait raconté sur les nouvelles techniques d'investigation et j'ai ajouté :

« Pour résoudre un mystère, le bon détective réunit les indices qu'il trouve çà et là et les relie entre eux pour démasquer le coupable. Ah, si le naturaliste pouvait faire pareil… »

Monsieur Darwin m'a regardé bizarrement, et il a opiné de la tête.

Depuis notre exploration de la forêt amazonienne où, quel que soit le danger, il avait toujours gardé son calme, j'admirais monsieur Darwin. Si à bord, au début, je l'avais pris pour un vulgaire citadin sujet au mal de mer, je devais reconnaître que sur la terre ferme, il avait des capacités étonnantes. Il était incollable sur les plantes et les animaux, montait la tente en un clin d'œil et pouvait cuisiner sous l'orage. J'acquis une foule de connaissances à ses côtés et nous devînmes les meilleurs amis du monde.

Avec le capitaine FitzRoy, en revanche, c'était une autre affaire. Ils dînaient à la même table tous les soirs, sur le bateau, et souvent, en entrant pour leur servir du vin, je les trouvais en pleine dispute, rouges de colère. La cause de leurs différends était toujours la même : l'esclavage.

Le capitaine FitzRoy trouvait normal, et inévitable, que des hommes soient soumis à d'autres. Monsieur Darwin, au contraire, ne pouvait supporter l'idée que des êtres humains puissent vivre enchaînés. Pour tout dire, j'étais du même avis que lui, comme l'équipage d'ailleurs, mais aucun de nous n'aurait osé le dire ouvertement au capitaine.

Le *Beagle* remonta le Rio de la Plata jusqu'à Buenos Aires, en Argentine, où nous débarquâmes, Charles Darwin et moi.

Trois *gauchos*, sortes de cow-boys de la pampa, devaient nous accompagner à cheval. Après la luxuriante forêt brésilienne, la pampa nous sembla monotone : c'était une morne étendue d'herbe, sans aucun repère. Par bonheur, les trois *gauchos* se révélèrent extrêmement sympathiques. Comme les autres habitants des lieux, ils portaient un large sombrero pour se protéger du soleil, un poncho coloré, et glissaient à leur ceinture un couteau effilé.

Paco, qui parlait anglais, nous apprit à lancer les *bolas*, l'arme dont se servent les *gauchos* pour chasser sans descendre de cheval : il s'agit de trois pierres enveloppées dans du cuir et reliées par une cordelette en forme de T ; on en prend une dans la main et on fait tournoyer les deux autres au-dessus de sa tête. Une fois lâchées, elles vont s'entortiller autour des pattes de la proie pour la bloquer. Charles Darwin tenta un lancer, mais ne réussit qu'à entraver les pieds de son propre cheval ! Les trois Argentins éclatèrent de rire, assurant qu'ils n'avaient jamais vu quelqu'un réussir à se capturer lui-même.

Très habiles, nos trois guides attrapaient chaque jour quelques nandous, un genre d'autruche qui peuple ces régions. Au campement, mon travail consistait à cuisiner ces grosses volailles pour le dîner.

Nous avions depuis peu traversé à gué le fleuve Rio Negro quand un soir, monsieur Charles, regardant ce qui cuisait dans la marmite, se tourna vers Paco. « Pourquoi, depuis que nous sommes passés de l'autre côté du fleuve, ne chassez-vous que les petits des nandous ? » demanda-t-il, contrarié de voir tuer des bêtes encore si jeunes.

« Ce ne sont pas des oisillons, rétorqua Paco. De ce côté-ci du Rio Negro, les nandous sont petits, de l'autre côté, ils sont grands.

– Et il n'en existe pas d'une taille intermédiaire ?

– Non, monsieur, ici petits, grands là-bas. »

Et sur ces mots, Paco se servit une généreuse portion de viande.

Darwin ne mangea presque rien, semblant plongé dans une profonde réflexion. À la fin du repas, je le surpris à fouiller dans les restes, où il récupéra la tête, les pattes et quelques plumes du pauvre nandou rôti.

Sous la tente, j'étendis mes jambes fourbues par notre longue chevauchée et, comme toujours avant de dormir, je me mis à penser à ma famille, le cœur serré. C'est alors que monsieur Darwin me murmura :

« Les restes de notre repas constituent une preuve capitale. C'est évident : une barrière physique, le fleuve, sépare deux populations de nandous appartenant à la même espèce, mais différents. Cela signifie quelque chose, je ne sais pas encore quoi.

– Enfin un indice ! m'exclamai-je, oubliant instantanément ma tristesse.

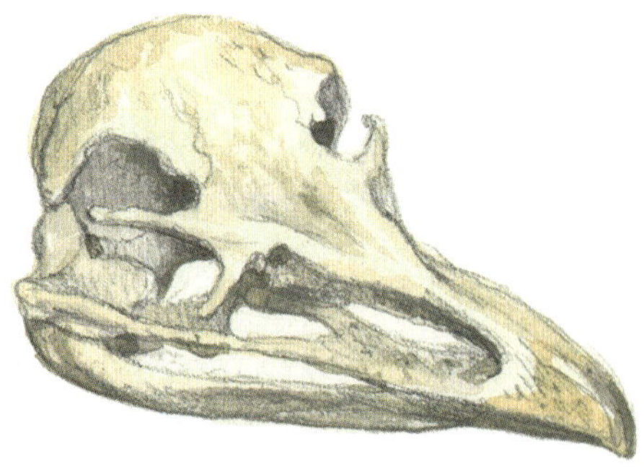

– Tout à fait. Mais nous devons en récolter beaucoup d'autres et ensuite les relier entre eux, comme tu l'as suggéré l'autre jour.

– Pour découvrir quoi ? insistai-je, en proie à l'excitation.

– Ça, je ne le sais pas encore. Le policier a devant lui une énigme réelle, un vol ou un homicide ; le naturaliste, lui, ne sait souvent même pas ce qu'il cherche », fit-il pour toute réponse.

Le lendemain matin, j'allai fureter non loin de notre campement. Soudain, mon regard fut attiré par un objet étrange : cela ressemblait à un ballon de football recouvert d'écailles.

Je n'osais pas m'approcher, me demandant qui pouvait avoir oublié un ballon dans un lieu aussi sauvage. Optant pour la prudence, je partis chercher Darwin pour lui montrer ma trouvaille.

À peine vit-il la chose qu'il éclata de rire :

« Ce n'est pas un ballon, Syms, c'est un tatou ! Un mammifère capable de s'enrouler sur lui-même et qui oppose aux prédateurs

sa carapace d'écailles. Tu as découvert un animal bien intéressant. Et il le serait encore plus s'il ne dormait pas à poings fermés.

– Je sais comment le réveiller en douceur… »

Je sortis mon violon et me mis à jouer. Au bout d'un moment, le ballon s'entrouvrit, laissant apparaître une queue conique et un museau pointu. Pendant que je jouais, monsieur Darwin avait gratté le sol et ramassé un ver de terre qu'il agita devant l'animal. L'ayant reniflé, le tatou ne se fit pas prier pour accepter la friandise.

« Je peux le garder ? demandai-je. Je coudrai un sac de toile pour le transporter sur mon cheval et le soir, au campement, je le laisserai se dégourdir les pattes.

– Il risque de s'enfuir », prévint Darwin.

Je regardai le tatou, qui semblait apprécier notre compagnie.

« Je suis prêt à prendre le risque, répondis-je.

– Alors c'est entendu », conclut Charles Darwin.

J'étais heureux d'avoir trouvé un compagnon pour remplacer mon cher Spot. « Il me rappelle mon oncle Fred, dis-je. Lui aussi a le nez pointu, et son tablier en cuir de maréchal-ferrant est aussi dur et rigide qu'une carapace. Je l'appellerai Fred. »

En Patagonie, nous observâmes d'autres animaux intéressants, tel le jaguar, une espèce de gros chat que je vous déconseille de caresser. Fred semblait s'accommoder de la vie avec nous et il ne tenta jamais de fuir.
À vrai dire, j'avais fini par lui consacrer plus de temps qu'à mon passager, mais monsieur Darwin n'en fut pas gêné, car il s'était attaché à notre ami autant que moi. Il le régalait de délicieux insectes écrasés et de vers visqueux (tous les goûts sont dans la nature) et s'inquiétait pour son confort durant nos déplacements à cheval.

Lama guanicoe
Conepatus humboldti
Vultur gryphus
Rynchops niger
Tyrannus savana
Panthera onca
Lagostomus maximus
Spheniscus magellanicus
Cortaderia selloana
Vanellus chilensis
Cicindela sp.

Au cours de l'une de nos explorations, je remarquai que Darwin ne s'intéressait pas qu'aux plantes et aux animaux : il étudiait aussi les roches pour essayer de comprendre, comme il me l'expliqua, l'histoire de notre planète.

Un jour que nous récoltions des pierres, je le vis tressaillir, puis se mettre à creuser la terre fébrilement. Un os jaunâtre apparut.

« Syms, là-dessous se trouvent les restes d'un animal fossile qui a vécu il y a des milliers d'années », annonça-t-il, la voix étranglée par l'émotion.

Nous continuâmes à creuser pendant des heures.

C'était tellement passionnant de ramener au jour une créature aussi âgée… Quelle satisfaction quand, épuisés et en sueur, nous soulevâmes le crâne de ce qui avait été un animal gigantesque !

« Nous voilà face à un sacré mystère, déclarai-je.

– Tu ne crois pas si bien dire, Syms », répliqua Charles Darwin.

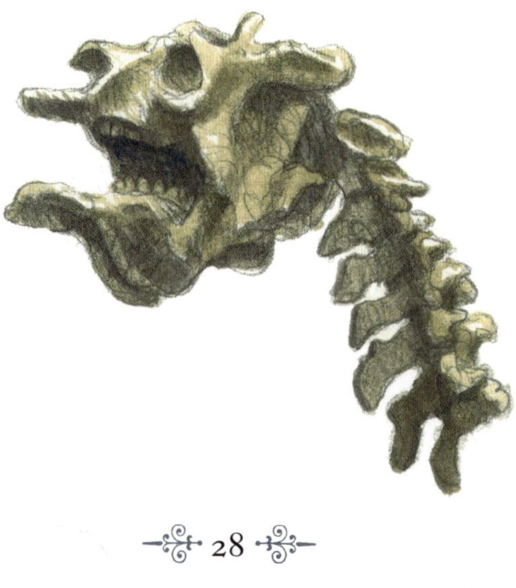

« C'est un Toxodon », murmura-t-il. Et il ajouta : « Par certains traits, on pourrait l'associer aux pachydermes, comme l'éléphant actuel. Cependant, il a la dentition d'un rongeur et d'après la position de ses yeux, de ses oreilles et de ses narines, je pense qu'il vivait principalement dans l'eau.

– Quel mélange ! En somme, c'est une espèce de rat amphibie démesuré, hasardai-je. Pourquoi, diable, n'avons-nous pas encore croisé cet animal extravagant ?

– Parce qu'il s'est éteint. »

J'étais stupéfait : « Éteint ? Qu'est-ce que ça signifie ?

– Qu'il n'existe plus de descendants vivants de cet animal.

– Comment cela a-t-il pu arriver ?

– Les scientifiques débattent de la question depuis des années. Certains disent que de nombreuses espèces animales se sont éteintes à cause d'une catastrophe : un tremblement de terre ou un déluge planétaire. D'autres pensent que les espèces se sont peu à peu transformées, sans savoir encore comment ni pourquoi. »

Je restai silencieux, songeur.

Darwin reprit : « Quoi qu'il en soit, tu as pointé le nœud du mystère, Syms : cet animal antédiluvien présente des caractéristiques qui sont propres aujourd'hui à des espèces bien différentes. À nous de trouver l'explication. »

Je n'y comprenais plus rien. Ma seule consolation était de voir que Darwin semblait encore plus perdu que moi.

Le crâne du Toxodon ne fut pas le seul fossile que nous découvrîmes. Quelques jours plus tard, nous sortîmes de terre les restes d'une immense carapace osseuse. Je tournais et retournais dans mes mains une des grandes écailles fossilisées, quand mon regard tomba sur Fred qui s'activait autour de nous, creusant çà et là des trous inutiles.

« Si on ne s'arrête pas aux dimensions, cette grosse écaille ressemble à celles de notre tatou, observai-je.

– Par tous les dieux, Syms, tu as raison. Nous avons certainement déterré le grand-père de Fred, ou plutôt un de ses lointains ancêtres ! Fred est certes beaucoup plus petit, mais ils sont parents, c'est évident. »

Je réfléchis un instant. « Si son aïeul s'est éteint, pourquoi Fred n'a-t-il pas subi le même sort ? demandai-je.

– Probablement que Fred est le résultat de l'évolution de ses prédécesseurs.

– Et qu'est-ce qui l'a poussé à… hum… évoluer ?

– Il a dû s'adapter aux changements de son environnement. »

Je regardai Darwin avec un air interrogateur.

Il s'assit sur un rocher, but une gorgée d'eau à sa gourde et se mit à raconter :

« Les géologues sont convaincus que le globe terrestre, il y a des millions d'années, était très différent d'aujourd'hui. »

Il me passa la gourde et je bus à mon tour. Puis il reprit :

« Si on pouvait s'enfoncer vers le centre de la Terre, on découvrirait plus de choses que durant tout notre voyage sur le *Beagle*. Les stratifications géologiques sont comme les couches d'un gâteau : chaque couche nous renseigne sur la Terre à une époque précise. Les conditions terrestres ont changé au cours du temps, et il est probable que les animaux ont évolué pour s'y adapter.

– Avec tout mon respect, ça n'a pas de sens ! répliquai-je. La Terre est ferme. Solide sous nos pieds. Les roches dures qui la constituent ne sont pas mouvantes comme les vagues de la mer.

– Eh bien tu te trompes, Syms. La Terre bouge, se transforme, mais comme c'est avec une infinie lenteur, on ne s'en rend pas compte. Les animaux fossilisés que nous avons trouvés en sont la preuve. »

Je me replongeai dans le silence : les hypothèses avancées par monsieur Charles étaient difficiles à digérer, comme le gâteau de mariage de mon cousin.

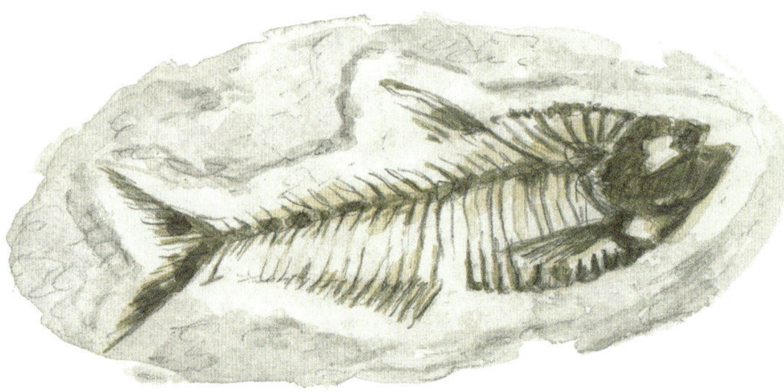

Nous reprîmes nos pérégrinations à bord du *Beagle*, et Fred s'adapta sans problème à sa nouvelle vie. Les marins eux aussi s'étaient attachés à mon petit compagnon, même s'ils l'avaient dans les pieds durant les manœuvres et qu'il faisait parfois pipi sur le pont qui venait juste d'être lavé.

Je dois raconter maintenant une histoire triste, qui m'a profondément marqué. Au cours de notre long voyage, j'étais devenu l'ami des trois hommes originaires de Terre de Feu : Fuegia, Jemmy et York. Ils étaient, je l'ai dit, très bien élevés, et ils adoraient les jolis pompons et les dentelles. Ils appréciaient plus que quiconque la musique de mon violon. Quand nous arrivâmes au large de leur pays natal, ils débarquèrent avec le révérend Matthews, qui rêvait de fonder une mission. Mais, comme nous le raconta le missionnaire, à peine furent-ils de retour dans leur tribu que les trois Amérindiens se débarrassèrent de leurs rubans, dentelles et tasses de thé pour redevenir de parfaits sauvages ! Le révérend Matthews fut dépouillé de tout ce qu'il possédait et revint à bord dans un état misérable.
J'étais déçu, car je pensais que Fuegia, Jemmy et York étaient mes amis. Le plus déçu de tous, cependant, fut le capitaine FitzRoy.

Je me tournai alors vers Darwin, le seul qui ne semblait pas étonné par ce qui venait d'arriver. « Fuegia, Jemmy et York paraissaient gentils et bien élevés. Ce n'était donc qu'une apparence ? Et ils mentaient lorsqu'ils me jurèrent une amitié éternelle ? lui demandai-je avec tristesse.
– Je ne crois pas, Syms. En retrouvant leur terre et leurs racines, Fuegia, Jemmy et York ont abandonné le superflu : les habits élégants et les belles manières. Et peut-être même le souvenir de ton amitié. C'était vital pour eux, car pour survivre dans leur milieu, il ne faut pas s'encombrer de choses inutiles. »

J'avoue que j'avais du mal à ne pas considérer leur comportement comme une trahison. Cependant, à bord du *Beagle*, durant la traversée depuis Lima, la capitale du Pérou, jusqu'aux îles Galápagos, j'avais autre chose à faire : je passais mon temps à chercher des insectes pour nourrir le tatou. Je n'avais pu dénicher que quelques mouches, et des vers dans le bout de fromage que Fred avait délaissé. Aussi je fus heureux et soulagé quand le navire jeta l'ancre devant l'île de Chatham où nous débarquâmes, Darwin et moi, armés de filets à papillons et de cages à oiseaux.

L'archipel des Galápagos est formé d'une poignée d'îles d'origine volcanique. La première paraissait peu accueillante : une aride étendue de lave noire, creusée de profondes crevasses. Aux Galápagos, le temps semble s'être arrêté, il y règne un continuel été et les pluies sont rares.

Le vent rend l'air à peu près respirable, mais le sol sombre absorbe la chaleur et l'on croit marcher sur des braises.
Évidemment, ces îles inhospitalières ne sont pas habitées par l'homme, mais elles abritent un nombre considérable d'animaux. Les plantes y sont petites et rabougries ; même Darwin, qui s'enthousiasmait pour la moindre fleurette, trouva le tout décevant.

Mais au détour d'un rocher, une rencontre nous fit oublier le paysage aride et la chaleur suffocante : il y avait là deux tortues géantes ! L'une d'elles mastiquait pensivement un morceau de cactus, indifférente aux dangereux piquants. Elle tourna la tête vers nous à notre approche, mais sans nous considérer comme assez importants pour interrompre son repas.

« Ces animaux peuvent vivre très longtemps, m'expliqua monsieur Darwin. Plus de cent cinquante ans, pour certains, tu imagines ? »

L'autre tortue émit un sifflement et rentra si vivement la tête et les pattes à l'intérieur de sa carapace que son ventre cuirassé frappa le sol avec un bruit sourd.

Elle semblait bien décidée à nous bouder. Je ne pus résister à la tentation de monter sur celle qui grignotait le cactus mais, me sentant sur son dos, elle esquissa quelques pas saccadés qui me firent perdre l'équilibre et tomber par terre.

« L'équitation n'est pas faite pour toi, rit Darwin, tu ne tiens déjà pas sur le dos d'une tortue !!! »

De retour au navire, je me consolai avec un bain de mer. Si l'îlot m'avait paru décevant, la beauté des fonds sous-marins et la limpidité de l'eau chassèrent mes frustrations et ma fatigue. Je nageais avec volupté, quand je vis surgir en haut d'un rocher un monstre au dos hérissé d'une crête d'épines. C'était l'animal le plus effrayant que j'avais jamais rencontré : le corps recouvert d'écailles, une gueule cruelle, un cou plissé, une queue de lézard… À tout moment, il pouvait plonger et me dévorer, j'en étais sûr ! Saisi d'une peur panique, je remontai précipitamment à bord, essayant de ne rien laisser paraître à Darwin.

« Je viens de voir un iguane ! me dit ce dernier, extasié. C'est un reptile, il ressemble aux dragons des légendes ; mais en réalité, il est absolument inoffensif. »

Je préférai passer sous silence ma rencontre peu héroïque avec le monstre marin.

La faune des Galápagos est très riche. Nous trouvâmes par exemple treize espèces de pinsons, chacune avec un bec très particulier. Selon monsieur Darwin, les becs s'étaient diversifiés parce qu'ils servaient à des usages différents.

Un après-midi, je rangeais les oiseaux empaillés dans une caisse, quand survint un incident. Craignant que Fred ne se sente délaissé, je l'avais pris avec moi. Grave erreur. Sur chaque spécimen des treize espèces de pinsons, je devais attacher à la patte un petit carton où était écrit le nom de l'île d'où il provenait. Monsieur Darwin était très méticuleux. La table de la cabine étant trop étroite, je décidai d'aligner les pinsons sur le sol et de poser à côté d'eux leur carton respectif avant d'entreprendre mon travail. Mais je n'eus pas le temps d'attacher un seul carton. Sans prévenir, peut-être pour attirer mon attention, Fred se mit à courir à travers la pièce…

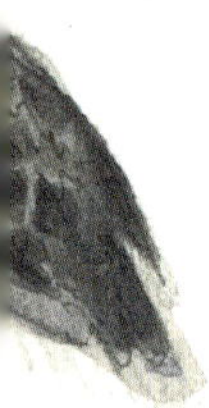

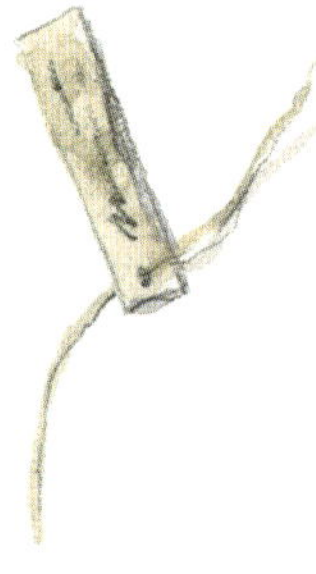

Je ne l'avais jamais vu aussi agité : la plupart du temps, il restait en boule dans un coin. Je commençais à avoir des sueurs froides, pressentant une catastrophe, et je lui hurlai d'arrêter. Mais Fred n'écoutait rien et il continua sa galopade endiablée. Je pris alors une décision impardonnable : je me mis à lui courir après. Croyant qu'il s'agissait d'un jeu et le trouvant à son goût, Fred accéléra, filant d'un coté et de l'autre de la cabine pour m'échapper. Finalement, plongeant les mains en avant, je réussis à le bloquer et l'emmenai se calmer sur le pont.

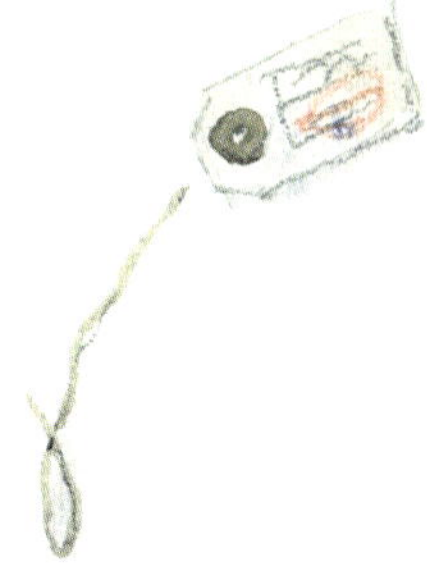

C'est en revenant finir mon travail dans la cabine que je me rendis compte du désastre : les étiquettes et les pinsons étaient dispersés partout dans la pièce, complètement mélangés.

Il n'y avait plus aucun moyen de savoir de quelle île provenait chaque oiseau. Monsieur Charles avait de quoi se mettre en colère. Je mis de l'ordre comme je pus, puis j'attendis, dans le même état d'esprit que le condamné qui attend sa sentence. Peu après, Darwin entra dans la cabine, d'excellente humeur : « J'ai fait une découverte sensationnelle, Syms ! s'écria-t-il, sans remarquer ma mine décomposée. J'ai rencontré à la taverne le gouverneur britannique des îles Galápagos, monsieur Lawson. Il s'est vanté de pouvoir reconnaître de quelle île vient une tortue, rien qu'en regardant sa carapace. » Je restais silencieux.

« Tu comprends ce que ça signifie ? À chaque île est rattaché un type de carapace. Et je pense que c'est la même chose pour les becs des pinsons. Sortons-les de leur caisse et examinons-les », conclut-il.

Mon cœur s'arrêta de battre. Je pris mon courage à deux mains et lui confessai le drame. Charles Darwin ne cria pas sur moi et ne me donna pas la bonne correction que je méritais. Il se contenta de s'effondrer sur une chaise et de murmurer d'un air abattu : « Nous n'avons plus le temps de refaire notre collection, le *Beagle* doit lever l'ancre. »

Je pensais que rien ne pouvait m'arriver de pire que la honte que j'éprouvai alors. Je me trompais. Levant les yeux, que j'avais gardés rivés sur mes chaussures, je m'aperçus que le cuisinier, Jack, avait assisté à toute la scène. À bord, personne n'ignorait qu'il était l'espion du capitaine.

Je fus convoqué par FitzRoy sur le gaillard d'arrière, où il me passa un savon carabiné. Les marins n'en ratèrent pas une miette, et je savais déjà que j'allais devoir supporter leurs moqueries pendant des semaines. Pour terminer, le capitaine me donna l'ordre, en guise de punition, d'astiquer les cuivres de tous les bastingages du *Beagle*. Mais il n'en avait pas tout à fait fini. Je me sentis anéanti quand il ajouta : « Il paraît que ton étrange animal retarde les manœuvres. Sur mon navire, je n'admets pas des contretemps de ce genre. Tu devras t'en débarrasser. »

Je compris que la sentence était définitive et que, si je voulais sauver Fred, j'allais devoir trouver une solution radicale. Je fis alors quelque chose qui ne me ressemblait pas : je mentis effrontément.

« Le tatou n'est pas à moi, mon capitaine, mais à monsieur Darwin. J'ai seulement été chargé de m'occuper de lui. Je ne crois pas que monsieur Darwin sera content si je me débarrasse de son animal de compagnie. »

Le capitaine FitzRoy me regarda droit dans les yeux. Je ne pus faire autrement que de lui rendre son regard si je voulais sauver la vie de Fred.

« Mmm, marmonna-t-il, alors j'en parlerai avec lui. »

Je saluai et me retirai, le cœur battant.

Monsieur Darwin allait-il mentir à son tour pour me sortir de ce mauvais pas ?

Quand j'eus fini de lustrer les cuivres, je regagnai la cabine de mon passager. Fred se trouvait à ses côtés, incapable d'imaginer les ennuis dans lesquels il m'avait fourré.

« Je vais emmener le tatou dehors, monsieur, suggérai-je. J'imagine qu'après ce qu'il a fait, vous ne voulez plus le voir. »

Monsieur Darwin me regarda d'un air surpris. « Fred n'a fait qu'obéir à son instinct. Et puis, d'après ce qu'on m'a rapporté, c'est *mon* fidèle tatou, aussi à partir de cette nuit, il dormira dans *ma* cabine. »

Et il me fit un clin d'œil.

Je poussai un gros soupir de soulagement : Fred était sauvé ! Si avant cette histoire, Charles Darwin m'était sympathique, à partir de ce moment, je lui fus dévoué corps et âme, et reconnaissant pour l'éternité.

Nous naviguâmes encore de longs mois, visitant la Nouvelle-Zélande et l'Australie, et traversant l'océan Indien. Charles Darwin devenait chaque jour plus soucieux. Replié sur lui-même, il parlait peu, griffonnant des notes dans son carnet pendant des heures. Il montrait toujours un vif intérêt pour les plantes et les animaux, mais il était sujet à de fréquents accès de fièvre. Aussi, grand fut notre soulagement quand le navire accosta enfin à Falmouth, le 2 octobre 1836. Pour ma part, je fus heureux de rentrer à la maison et de pouvoir embrasser ma famille après cinq longues années d'absence. Je découvris avec étonnement que je dépassais maintenant mon père en taille. Chez nous, l'argent manquait et j'allais me mettre à la recherche d'un nouvel emploi lorsque je reçus une lettre de Darwin.

Il m'offrait un poste de secrétaire particulier, que je m'empressai d'accepter.

« Évidemment, l'invitation vaut également pour notre ami Fred », concluait le naturaliste.

Je passai trois merveilleuses années au service de Charles Darwin. Le salaire était bon et le travail intéressant : je devais l'aider dans la rédaction de son livre *Voyage d'un naturaliste autour du monde*, dans lequel il racontait notre périple à bord du *Beagle*.

Après ce travail studieux, je ressentis de nouveau l'appel du large et de l'aventure. Je décidai alors d'embarquer pour l'Australie, avec Fred.

Quelques jours avant mon départ, je rendis visite à Darwin, dans son bureau encombré de livres, de cartes et d'animaux empaillés.

« Syms, je crois avoir une dette envers toi : je ne t'ai pas révélé le mystère des mystères ; d'ailleurs, je ne l'ai encore révélé à personne. »

Je le regardai avec surprise : « Je recopie vos notes depuis trois ans et je ne m'étais pas aperçu que vous aviez trouvé la solution.

– La solution, elle est ici, dit-il en tapotant sa tempe avec son doigt. Dans ma tête. Je n'ai pas encore osé exposer ma théorie parce qu'elle heurtera la façon de penser de toute la société. Certains s'en scandaliseront et le scandale rejaillira sur moi. En somme, c'est une chose sérieuse, et avant d'affronter les critiques qui vont certainement me tomber dessus, je veux être sûr de mes affirmations. »

Je l'écoutais attentivement, ne doutant pas d'une grande révélation à venir.

« Durant notre voyage sur le *Beagle*, tu te souviens des diverses espèces de nandous, de tortues ou encore de pinsons, dont les caractéristiques différaient sensiblement ? Tu te rappelles que nous avons dû réunir tout un faisceau d'indices pour commencer à éclaircir ce mystère ? »

J'étais stupéfait d'entendre Darwin évoquer les choses avec les mots que j'avais employés à l'époque. « Pour chacune des différentes espèces que nous avons pu comparer, il y avait une barrière physique qui correspondait à un changement anatomique : le fleuve Rio Negro pour les nandous, la mer des îles Galápagos pour les tortues et les pinsons.

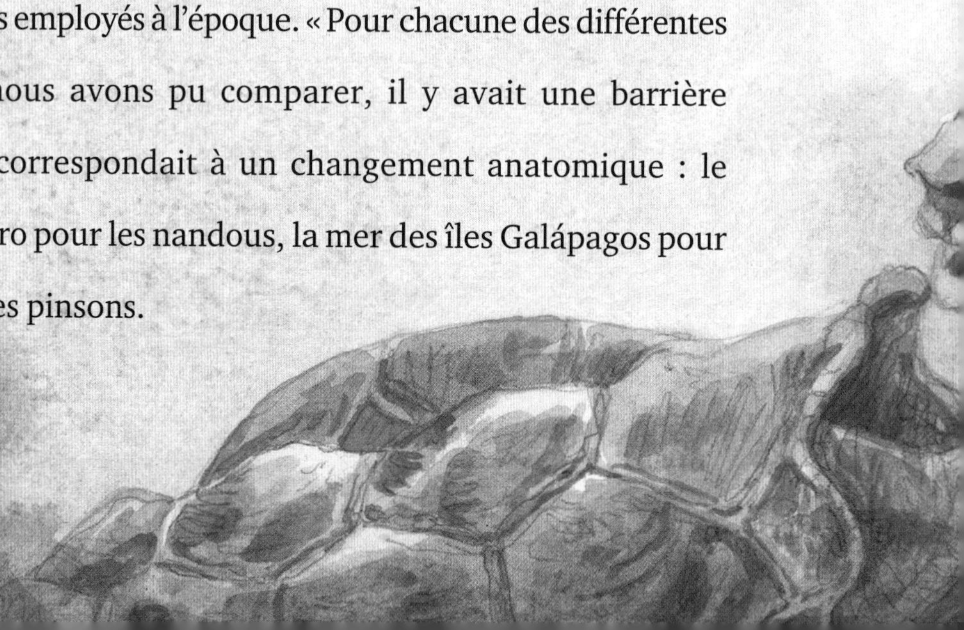

Si nous procédons comme les enquêteurs qui font des déductions d'après les indices à leur disposition, nous pouvons émettre l'hypothèse qu'au départ, il n'existait qu'une seule espèce de nandou, de tortue ou de pinson. Quand certains de ces animaux ont été séparés par le fleuve ou la mer, ils ont développé des caractéristiques différentes, pour s'adapter parfaitement à leur nouveau milieu. »

J'étais pendu aux lèvres de Darwin.

« Ils ont évolué, conclus-je.

– Bravo, Syms, c'est tout à fait ça. Je l'avais déjà compris à bord du *Beagle,* mais le mystère n'était pas résolu pour autant, car je devais encore découvrir *comment* cette évolution s'était faite. »

Monsieur Darwin se leva et alla se placer devant une fenêtre donnant sur le jardin, ou plutôt ce qu'il en restait. La terre avait été remuée un peu partout, Fred n'ayant pas perdu son habitude de creuser des trous. Toute tentative de cultiver la moindre fleur était d'avance vouée à l'échec.

Darwin poursuivit son raisonnement : « Je devais donc découvrir par quel processus ces animaux évoluaient. J'ai alors repensé aux fossiles que nous avons déterrés en Argentine, et particulièrement au grand-père de Fred, qui a transmis à son petit-fils cette spécificité si utile : la carapace. Essayons d'imaginer que l'oncle de Fred en avait une plus fragile qui le rendait vulnérable. Dans toutes les familles, il y a un oncle qui n'en fait qu'à sa tête.

L'oncle de Fred, trop vulnérable donc, aura eu une triste fin et probablement qu'il est mort jeune. Trop jeune pour avoir des enfants. Le père de Fred, qui avait eu la chance d'hériter d'une solide carapace, a vécu assez longtemps pour concevoir notre ami tatou, avec sa carapace résistante. Par conséquent, tu vois, la nature opère une sélection : seuls survivent les animaux les mieux adaptés à leur environnement, qui transmettront à leur tour leurs singularités à leurs enfants. Je crois que j'appellerai cette théorie : *La loi de la sélection naturelle.* »

Je pensai : chaque pièce du puzzle, avec cette explication, trouve sa place, et la nature, qui m'avait souvent paru aussi chaotique et désordonnée que notre jardin, devenait maintenant compréhensible. Il y avait un détail pourtant qui me tracassait.

« Pourquoi cette théorie serait-elle considérée comme dangereuse ? Je ne vois pas qui pourrait l'attaquer ? »

Darwin sourit tristement : « Jusqu'ici, nous nous sommes contentés de parler de tatous. Mais si nous poussons notre raisonnement, nous devrons supposer que l'homme, qui n'est qu'un mammifère parmi les autres, a eu lui aussi des ancêtres moins évolués.

– Oui, bien sûr, répondis-je. Et selon votre théorie, de qui descend l'homme ?

– Du singe. »

Je restai abasourdi, parce qu'il s'agissait là d'une révélation difficile à accepter.

Il poursuivit : « Ou, pour être plus précis, d'un ancêtre commun aux hommes et aux singes. »

Je commençai à comprendre sa prudence : il risquait le lynchage ou pour le moins, de créer un scandale retentissant. Et pas seulement dans le milieu scientifique. Personne n'allait aimer s'entendre dire que son aïeul ressemblait à un chimpanzé.

Vingt ans plus tard, lorsque *L'origine des espèces* fut publiée, je me trouvais en Australie. Je m'en procurai un exemplaire que je dévorai en deux jours. Comme Charles Darwin l'avait prévu, le livre créa un beau scandale et mon ami fut critiqué de toutes parts. Cependant, passé le premier émoi, le regard de l'humanité sur le monde en fut changé pour toujours.
J'étais fier d'avoir participé à une découverte aussi fondamentale. Tout était arrivé grâce à un merveilleux et inoubliable voyage autour du globe. Et depuis, chaque soir, je raconte mes aventures aux côtés de Darwin à mes enfants, qui ne se lassent jamais de les écouter.

OCÉAN GLACIAL
GROENLAND
AMÉRIQUE DU NORD
OCÉAN PACIFIQUE
OCÉAN
AMÉRIQUE DU SUD
ÎLES GALAPAGOS